JULIE,

COMÉDIE.

JULIE,

COMÉDIE

EN TROIS ACTES,

MÊLÉE D'ARIETTES;

Par M. MONVEL.

La Musique est de M. DES AIDES.

Représentée pour la premiere fois par les Comédiens Italiens ordinaires du Roi, le Lundi 22 Septembre 1772.

Le prix est de 30 sols.

A PARIS,

Chez la Veuve DUCHESNE, Libraire, rue Saint-Jacques, au-dessous de la Fontaine S.-Benoît, au Temple du Goût.

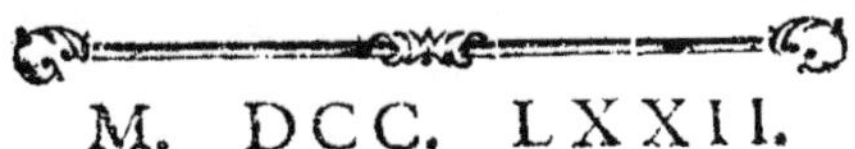

M. DCC. LXXII.

PERSONNAGES.

M. DE MARSANGES, Seigneur de	*M. Suin.*
JULIE, Fille de M. de Marſanges.	*Mme. Billioni.*
LE COMTE, Époux deſtiné à Julie.	*M. de la Ruette.*
SAINT-ALME, Amant de Julie.	*M. Julien.*
LA MARQUISE, Tante de M. de Marſanges.	*Mme. Bérard.*
LE PRÉSIDENT, Parent de M. de Marſanges.	*M. Toutvoix.*
LA COMTESSE, } Parents du Comte.	*Mlle. Deſglands.*
LE CHEVALIER, } Parents du Comte.	*M. Royer.*
LOUISON, Sœur de lait de Julie.	*Mme. Moulinghen.*
MICHAUT, Bucheron.	*M. Nainville.*
CATAU, Fille de Michaut.	*Mme. de la Ruette.*
LUCAS, Mari de Catau.	*M. Clairval.*
UN NOTAIRE.	
FEMMES-DE-CHAMBRE de Julie.	
DOMESTIQUES ET PAYSANS.	

La Scène eſt au Château de M. de Marſanges.

JULIE,

COMÉDIE.

ACTE PREMIER.

Le Théâtre représente un Appartement du Château de M. de Marsanges. Les fauteuils sont couverts des étoffes, des robes & présens de noce, destinés à Julie. Il est entre six & sept heures du soir.

SCENE PREMIÈRE.

LOUISON, *à la Cantonade.*

ALLONS, allons, un instant; je reviens. Ah! je savais bien qu'on les avait apportés. Les belles étoffes! Comme cela brille! Voilà la plus jolie!

Oh ! Mademoiselle sera charmante avec cette robe-là ! voilà ce qui s'appelle de beaux présens de nôces.

ARIETTE.

Je verrai donc un mariage :
Ah ! quel plaisir, ah ! quel plaisir !
Que nous allons nous divertir !
Danser, chanter, faire tapage.
Oui, ce sera, je gage,
A ne jamais finir.

Je verrai donc, &c.

Cependant, il n'est pas bien d'avoir comme cela du plaisir malgré moi, quand ma maitresse, que j'aime de tout mon cœur, pleure, se désespere ; & qu'elle va épouser le plus vilain magot qui soit à dix lieues à la ronde.

SCENE II.

JULIE, LOUISON, FEMMES-DE-CHAMBRE *de Julie, coëffée, mais en robe du matin.*

JULIE, *en entrant, à ses Femmes.*

HÉLAS! laissez-moi respirer. Accordez-moi, de grace, un moment : je connois votre zèle, je sais que c'est par amitié que vous vous opiniâtrez à m'accabler de ces vains ornemens; mais, je vous en conjure, laissez-moi seule quelques instans.

JULIE, *à Louison qui veut sortir.*

Reste, Louison.... Eh! quoi, tu m'abandonnes aussi?

LOUISON.

Non, Mademoiselle.... Je craignois que ma présence....

JULIE.

Demeure : tu m'es toujours chere. Élevées, nourries ensemble, ton attachement pour moi a mérité ma confiance & mon amitié.... Louison... on n'a point vu Saint-Alme.

LOUISON.

Il n'a point paru.

JULIE.

Ah ! Louiſon, n'eſt-il aucun moyen pour me ſouſtraire au malheur affreux d'être à ſon rival ? Ah ! ſi j'en croyois mon déſeſpoir.... Eſt-il ici ?.. L'as-tu vu ?...

LOUISON.

Qui ? M. le Comte ? Je l'ai trouvé qui entroit chez M. de Marſanges ; il m'a demandé des nouvelles de ſa Julie ; il eſt fort impatient de vous voir. Je lui ai répondu, & ſuivant ſa louable coutume, après trente ou quarante hein, hein, après m'avoir fait répéter cent fois, il ne m'a pas entendue, & nous nous ſommes quittés.... Mais, j'entends du bruit... Allons, Mademoiſelle, il faut ſubir ſon ſort.

SCENE III.

JULIE, LE COMTE, LOUISON.

LE COMTE.

EH, eh, eh bien, eh bien !

JULIE.

Ah ciel ! plus je le vois, plus je ſens l'horreur de ma ſituation.

LOUISON.

La vilaine figure ! Que je le hais !

LE COMTE.

La toi... toi... toilette eſt eſt-elle bien-tôt... tôt... faite ? On vous attend, au... au moins.

JULIE.

Monſieur...

LE COMTE.

Hein ?

JULIE.

Que lui dire ?

LE COMTE.

Hein ?

JULIE.

Eſt-ce que les Notaires ſont arrivés ? Votre famille & la mienne ſont-elles déja là-dedans ?

LE COMTE.

Hein ?

LOUISON.

Eh ! Mademoiſelle, ne lui parlez pas ; c'eſt peine perdue.

LE COMTE.

En... en... en vérité, vous... vous êtes charmante.... Les.. les beaux yeux ! La... la belle peau ! Quel air de... de... de pudeur !

JULIE.

Ah ! Louiſon.... l'épouſer demain?... Quel martyre !

LE COMTE.

Je devrois vous... bai... baiſer la main, Ah !...

ah !... i... i... il ne faut pas me... me le re... redire... Vous... vous la r... r... retirez; c'eſt... c'eſt... ma faute... je... je... je... n'ai pas ſai... ſai... ſaiſi le moment. Je ſuis fo... fort timide... Pa... pa... patience, je m'enhardirai... De... demain... ce... cette main... ce... ce... ce... bras, tous... tous... ces cha... ces charmes-là... ſe... ſeront... à... à... à moi : je... je... je m'enhardirai.

ARIETTE.

Mon caractere
Eſt d'être entreprenant.
Je ſuis téméraire,
C'eſt mon caractere :
Oui, ma belle enfant,
Mon défaut, ſouvent,
N'eſt que d'être trop téméraire.
Mais devant vous,
Devant ces yeux ſi doux,
Le reſpect m'en impoſe :
Je n'oſe
Vous prouver ce que je ſens pour vous.
Ah ! de grace,
Finiſſez, ceſſez :
Ces regards que vous me lancez
Irritent mon audace.

Mon caractere, &c.

Ces... ces... ces marques de votre tendreſſe me... me... me ſont bien... ch... ch... cheres... Mon...

mon aimable... pe...petite femme,dites moi cent... cent... cent fois que vous m'aimez...Pe... pe... persuadez-le moi bien : Vous rou... rougissez... bon... bon signe... eh... eh... bien ?

JULIE.

Monsieur, je suis trop sincere pour ne pas vous ouvrir mon cœur.

LE COMTE.

Hein ?

JULIE.

Mon pere exige que je vous donne la main...

LE COMTE.

Hein ?

JULIE.

J'obéirai... mais j'en mourrai.

LE COMTE.

Eh ! non, non; vous n'en mou... mou... mourrez pas... On... on... on ne meurt pas de ça.

SCENE IV.

JULIE, LE COMTE, LOUISON, UN LAQUAIS.

LE LAQUAIS.

MONSIEUR, tout le monde eſt deſcendu dans le jardin; M. de Marſanges vous prie d'y venir avec Mademoiſelle, ſi ſa toilette eſt achevée. C'eſt dans le grand pavillon au bout de la charmille.

LE COMTE.

Qu'eſt... qu'eſt... qu'eſt-ce que tu dis?

LE LAQUAIS, *parlant plus haut.*

On vous attend au jardin avec Mademoiſelle.

LE COMTE.

Ne... ne... ne la vois-tu pas... Ma... Mademoiſelle, nigaud?... Pa... pa... parles-lui, ſi tu as qué... qué... quelque choſe à lui dire.

JULIE.

Ma chere Louiſon, quel homme! Que je ſuis malheureuſe!

LOUISON.

Il faudra bien qu'il m'entende, moi; laiſſez-moi faire. (*Elle crie aux oreilles du Comte de toutes ses forces.*) Monsieur, la compagnie est au jardin, dans le grand pavillon, au bout de la charmille : on vous attend. M. de Marsanges vous prie d'y aller. M'entendez-vous ?

LE COMTE.

Très... très-distinctement; j'y... j'y cours. Adieu, ma tou... tou... toute belle : je vous quitte à... à... à regret; je vois que mon éloignement vous cha... chagrine; mais l'a... l'a... l'amour va bien-tôt me ra... ramener à vos pieds.

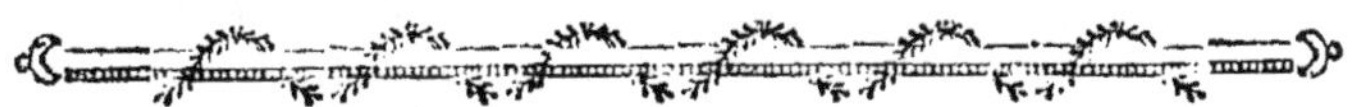

SCENE V.

JULIE, LOUISON.

JULIE.

C'EN est donc fait! Et dans une heure j'aurai signé l'arrêt de mon supplice.

ARIETTE.

Au charme heureux de l'espérance,
Tous les cœurs peuvent s'ouvrir.
Elle augmente encor la constance
Pour les peines de l'avenir,
Et même, au sein de la souffrance,
On a l'attente du plaisir.

Tous les cœurs peuvent s'ouvrir

Au charme heureux de l'espérance.
A moi seule, dans son courroux,
Le Ciel refuse un bien si doux.

Au charme, &c.

LOUISON.

Que je vous plains! Mademoiselle... Mais on vient... c'est lui... le voilà. C'est M. de Saint-Alme.

JULIE.

Je ne puis soutenir sa présence. Louison obtiens de lui qu'il survive à notre malheur, & qu'il ne cherche plus désormais à me voir.

(*Elle sort.*)

SCENE VI.

LOUISON, SAINT-ALME.

LOUISON.

COMMENT le lui apprendre? Quelle affreuse nouvelle à lui annoncer!

SAINT-ALME.

Ah! Louison, mon sort est donc décidé! Je perds Julie sans retour... C'est aujourd'hui... Où est-elle? Il faut que je lui parle; il faut que je meure à ses pieds. Où est-elle?...

LOUISON.

Son état eſt auſſi triſte que le vôtre... Elle pleure, elle ſe déſeſpere : mais le mal eſt ſans remède. Armez-vous de tout votre courage, Monſieur. Mademoiſelle ne vous verra point, & c'eſt pour elle le plus grand de tous les chagrins. Elle vous conjure de vivre, d'être perſuadé qu'elle ne vous oubliera jamais : mais en même-temps elle exige de vous de ſortir du Château & de ne faire aucune démarche pour la voir ni pour lui parler.

SAINT-ALME.

Ah ! Louiſon, je n'ai qu'un mot à lui dire. Je ſçais que mon malheur eſt certain & qu'il n'eſt plus d'eſpoir pour moi. Mais, que je la voye, que je la voye un inſtanr. Il y va de ma vie. Puiſqu'elle daigne encore s'intéreſſer à mes jours, elle ne peut me refuſer un moment d'entre-vue. Je meurs, ſi je n'obtiens cette derniere grace.

LOUISON.

Demeurez ici, calmez-vous; je vais faire tous mes efforts pour engager Mademoiſelle à paroître un moment. (*Elle ſort.*)

SCENE VII.

SAINT-ALME, *ſeul.*

ARIETTE.

Vous que j'aimois, vous que j'adore ;
Je vais vous perdre ſans retour !
Éclatez, malheureux amour :
Saint-Alme peut ſe plaindre encore.
Pour la derniere fois, éclatez mon amour.
Ah ! Julie !
Toi, l'âme de ma vie !
Non, tu ne ſens pas mon malheur,
Mon déſeſpoir & ma fureur.
L'orage le plus effroyable,
Ne ſera jamais comparable
Au déſordre affreux de mon cœur.

Vous que j'aimois, &c.

SCENE

SCENE VIII.

SAINT-ALME, JULIE, LOUISON.

JULIE.

Je cède à tes instances.... Que voulez-vous, Saint-Alme ? .. Que voulez-vous ?

SAINT-ALME.

Ce que je veux ? mourir à vos genoux ... C'en est donc fait !.. Vous m'abandonnez... Vous allez signer l'arrêt de mon trépas... & vous me demandez ce que je veux !

JULIE.

Cruel ! n'ai-je pas assez de ma peine ? ne suis-je pas assez malheureuse ?

SAINT-ALME.

Julie ! ... Vous m'aimez... & vous m'abandonnez !

LOUISON, *pendant cette Scène, regarde à la fenêtre qui donne sur le Jardin.*

Voilà quelqu'un qui sort du pavillon.

JULIE.

Ah ! Saint-Alme, fuyez.

SAINT-ALME.

Que je vous quitte !

JULIE.

Il le faut... Vous emportez ma vie... Mais respectez vos jours.

LOUISON.

Monsieur, & vîte. Tout le monde est dans la grande allée, on avance vers le Château.

SAINT-ALME.

Je me meurs.

JULIE.

Vivez, je vous l'ordonne; fuyez, & ne m'oubliez jamais.

SAINT-ALME.

O ma Julie, quel horrible destin!

SCENE IX.

JULIE, LOUISON.

JULIE.

JE cède au malheur qui m'accable... C'est donc pour jamais!... Pour jamais! Ah, grand Dieu!

LOUISON, *regardant toujours à la fenêtre.*

Ah! Voilà toute la compagnie... Les parens de M. le Comte, les vôtres, & le Notaire.

JULIE, *effrayée.*

Le Notaire!

LOUISON.

Oui, le Notaire. Il tient un rouleau de papier; c'est sans doute le contrat.

JULIE, *avec la plus grande fermeté.*

Non... il ne m'épousera pas... Le désespoir me rend mon courage... Ah! Louison, ne m'abandonne pas.

LOUISON.

Que voulez-vous!

JULIE.

Ton pere...

LOUISON.

Il est chez nous.

JULIE.

La clef du parc?

LOUISON.

La voilà.

JULIE.

La nuit s'approche... Je n'ai besoin que d'une demi-heure....

LOUISON.

Comment?

JULIE.

Je cours me jetter aux pieds de la sœur de mon pere, de cette tante qui m'aime si tendrement &

que sa mauvaise santé empêche aujourd'hni de se trouver ici. Son château est à l'issue de la forêt qui touche à notre Parc....

LOUISON.

Ah, Mademoiselle!...

JULIE, *rapidement.*

Reste ici : l'on me demandera.... tu viendras me chercher... Ton pere, qui va seconder mon dessein, t'instruira de tout. Il te dira comme il faudra répondre. Je n'ai pas un moment à perdre.... Ton adresse & ta discrétion vont me sauver la vie.

(*Elle sort.*)

SCENE X.

LOUISON.

RÉCITATIF.

Eh, mais! quel est donc son dessein?
Qui? moi! Dois-je y donner la main?
Comment favoriser sa fuite?
Comment excuser sa conduite?
Je dirai... croiront-ils?... Non, non, c'est une erreur.
Hélas! je sens mon pauvre cœur
Palpiter de peur.
Allons, ferme, point de frayeur.
L'Amour en tout bien, tout honneur,
Doit être vainqueur.

SCENE XI.

M. DE MARSANGES, LE COMTE, LA MARQUISE, LE PRÉSIDENT, LA COMTESSE, LE CHEVALIER, LOUISON, LES NOTAIRES.

LA COMTESSE, *très-élégante, se laissant tomber sur un fauteuil.*

(*Au Chevalier.*)

AH! je suis excédée, anéantie : cette allée ne finit point, mal sablée, d'une longueur à périr; ah! sans votre bras j'y serois encore.

LE CHEVALIER, *qui s'assied à côté de la Comtesse.*

J'ai trouvé le chemin bien court.

LA COMTESSE.

Il est vrai que nous avons jasé. Où est donc la petite ?

LA MARQUISE, *parlant très-vîte.*

Cette chere enfant, où est-elle? Où est-elle, ma petite Julie? vîte que je l'embrasse.

LE PRÉSIDENT, *gravement. Il donne le bras à la Marquise.*

Elle est d'une beauté divine; c'est un abrégé de perfections.

LA MARQUISE, *ouvrant la porte d'un cabinet.*

Eh bien, eh bien, où eſt-elle donc ?... Perſonne ici, perſonne là... Ma Julie, où es-tu, mon enfant ?

M. DE MARSANGES, *en entrant avec le Comte, & parlant avec chaleur.*

Ah ! parbleu, Monſieur, c'eſt auſſi trop exiger ; ma fille vaut bien que vous calculiez un peu moins.

LE COMTE.

Je... je... je ne démordrai pas d'un i... i... i.... d'un ïota de mes... mes prétentions, ou... ou je reti.... retire ma parole, & vous paierez le... le... le dé... le dédit.

M. DE MARSANGES, *à part.*

Ah ! pourquoi me ſuis-je engagé trop avant ?

LA MARQUISE, *à demi-bas, à M. de Marſanges.*

Quand je vous l'ai dit que vous vous en repentiriez : c'eſt le plus ſot mariage !... Ah ! c'eſt bien malgré moi qu'il ſe fait. C'étoit Saint-Alme qu'il lui falloit. Il n'eſt pas riche : mais vous l'êtes aſſez pour votre fille & pour lui.

M. DE MARSANGES.

Ma tante, il n'eſt plus temps de faire des réflexions.... nous nous ſommes trop avancés. Où donc eſt Julie ?... Louiſon, où eſt ma fille ?

LOUISON.

Monsieur, quand elle a vu venir tout le monde, il lui a pris un tremblement. ... une frayeur terrible, elle s'est presque trouvée mal. Elle m'a dit : « Louison, je vais descendre un moment » dans le jardin, j'ai besoin de prendre l'air : » reste ici : tu viendras me chercher, quand mon » pere te l'ordonnera ».

M. DE MARSANGES.

Allez, Louison : dites-lui qu'on n'attend plus qu'elle.

SCENE XII.

M. DE MARSANGES, LE COMTE, LA MARQUISE, LE PRÉSIDENT, LA COMTESSE, LE CHEVALIER, LES NOTAIRES.

M. DE MARSANGES, *au Comte.*

DIALOGUE.

Il faut être plus raiſonnable.

LE COMTE, *à M. de Marſanges.*

Il faut faire un effort.

LA MARQUISE, *au Comte.*

Vous avez tort.
Ma nièce eſt jeune, belle, aimable.

LE PRÉSIDENT, *au Comte.*

Aſſûrément tort,
Et très-fort.

M. DE MARSANGES.

De mon bien eſt-il équitable
Que je me prive avant ma mort?

LA MARQUISE.

Mon cher Préſident, il a tort.

LE PRÉSIDENT.

Aſſûrément & très-fort.

M. DE MARSANGES, LA MARQUISE, LE PRÉSIDENT.

Il a grand tort.

LE COMTE.

Je n'ai pas tort.

LA COMTESSE, *au Chevalier.*

Ah ! ma pauvre tête se brise.

LE CHEVALIER, *à la Comtesse.*

Mais, comprenez-vous leur jargon ?
Ils parlent d'intérêt; sottise !

LE COMTE, *à M. de Marsanges.*

C'est l'équité qui m'autorise.

LA COMTESSE ET LE CHEVALIER.

C'est le ton, le plus mauvais ton.
Ah ! quel pitoyable jargon !

M. DE MARSANGES, *à part.*

Maudit appas de la richesse,
Peux-tu me fasciner les yeux ?
L'or m'est-il donc plus précieux
Que ma fille & que sa tendresse ?

LA MARQUISE, *au Comte.*

Vous êtes vieux comme le tems,
D'une taille, & d'une figure.....
Enfin la laideur en peinture.
Ma nièce n'a pas dix-huit ans.
C'est un prodige d'agrémens,
Le miracle de la nature :
Et vous disputez si long-tems
Pour une bagatelle pure !

LE COMTE.

Elle eſt fort belle, mais enfin
La beauté, ſans le bien, n'eſt rien.

M. DE MARSANGES, LA MARQUISE ET LE PRÉSIDENT.

Quelle avarice inſupportable!
(*Au Comte.*)
Mais vous êtes inſatiable.

LA COMTESSE ET LE CHEVALIER, *montrant le Comte.*

Qu'il eſt joli! qu'il eſt aimable!
Son éloquence eſt admirable.

TOUS.

Sur un rien chicaner ſi fort!
Il a tort, il a très-grand tort.

LE COMTE.

Sur un rien chicaner ſi fort;
Je n'ai pas tort, je n'ai pas tort.

SCENE XIII.

M. DE MARSANGES, LE COMTE, LA MARQUISE, LE PRÉSIDENT, LE CHEVALIER, LA COMTESSE, LES NOTAIRES, LOUISON, *qui a l'air très-effrayée.*

LOUISON, *à M. de Marſanges.*

AH ! Monſieur.

M. DE MARSANGES.

Eh bien ?

LOUISON.

Il faut que Mademoiſelle Julie ſe ſoit enfuie.

LA MARQUISE, M. DE MARSANGES.

O ciel ! Comment ? Expliquez-vous...... Parlez.

LOUISON.

On ne la trouve nulle part ; je la cherchois, & de deſſus la terraſſe qui donne ſur le chemin de Paris, j'ai vu une femme qui couroit..... qui couroit de toutes ſes forces...... Je doutois que ce fût-elle..... Mais....

M. DE MARSANGES.

Achevez.... grand dieu !

LOUISON, *avec la plus grande chaleur.*

Je ſuis deſcendue...... J'ai couru vers la porte.... Un jeune Payſan du hameau voiſin eſt venu à ma rencontre...... Il étoit tout hors d'haleine.... Il m'a dit.... Mademoiſelle Julie s'enfuit aſſurément.... Elle eſt déjà bien loin...... Une chaiſe de poſte attend là-bas au pied de la montagne.... C'eſt pour elle ſans doute.... Elle n'en eſt pas bien éloignée... Hâtez-vous d'avertir M. de Marſanges... Ah ! Volez, lui ai-je dit, volez après elle ; tâchez de l'arrêter ; Monſieur vous récompenſera... Il eſt parti, & de la viteſſe dont il court, il l'atteindra peut-être avant qu'elle ait rejoint la chaiſe.

M. DE MARSANGES.

Ah ciel ! Courons tous : Comte..... Mes amis... Diviſons-nous.... Il faut ſuivre la grande route... Il faut auſſi parcourir le parc....

LOUISON, *effrayée, & préſentant la clef du Parc.*

Le parc ! Eh ! non, non. La porte en eſt bien fermée, Voilà la clef... Ce n'eſt point par-là : ſur le grand chemin, ſur le grand chemin.

M. DE MARSANGES.

Voilà le prix de ma rigueur !... (*Au Comte*) Monſieur, vous me coûtez ma fille, & ma folle ambition eſt punie..... Des chevaux.... des chevaux.

LE COMTE.

Qué... qué... qu'eſt-ce que c'eſt donc que tout, tout ce tapage-là ? Comme vous voilà tous a a a agités !(*A M. de Marsanges*) Êtes vous dé.. dé.. déterminés ? Allons, que Ju... Ju.. Julie vienne, & si... signons le... le... le contrat.

M. DE MARSANGES, *au Comte.*

Eh ! Monsieur, vous n'entendez donc rien ?

LE COMTE.

Hein ?

LA MARQUISE, *criant aux oreilles du Comte.*

Julie, cette chere enfant, elle s'est enfuie.

M. DE MARSANGES.

On l'a vue sur le chemin de Paris. Nous n'en sommes pas éloignés.... (*A la Marquise.*) Ma tante, c'est chez vous peut-être quelle se sera réfugiée.... Secondez donc mon impatience, dépêchez vous. Un équipage, des chevaux. Ah ! Julie, c'est le coup de la mort que tu viens de donner à ton père.

(*Il sort.*)

LA MARQUISE.

Courez donc, grave Président : comment peut-on avoir tant de lenteur ? Allons donc, eh ! allons donc, marchez.

(*Elle pousse le Président par les épaules hors de l'appartement.*)

LA COMTESSE, *au Chevalier, & presqu'avec la Marquise.*

Donnez-moi le bras, suivons-les ; venez, venez.

(*Ils sortent.*)

(*Le Comte va de l'un à l'autre, ſans pouvoir rien comprendre à ce qui ſe paſſe. Reſté ſeul, il chante le dernier morceau.*)

LE COMTE.

Qu'avez-vous donc ? Eſt-ce pour rire ?
Ils me quittent ſans me rien dire.
Parlez, écoutez donc, parlez.
Quel accident les a troublés ?
Mais d'où provient tout ce tapage ?

(*Il regarde par la fenêtre.*)

Des chevaux, un équipage ;
Ils vont partir ; j'en ſuis.
Pourquoi me laiſſer au logis ?
C'eſt un guet-à-pens, c'eſt un piége.
Je ſoutiendrai mon privilége.
Suis-je portier de ce logis ?
Ils vont partir ; j'en ſuis, j'en ſuis.

Fin du premier Acte.

Il lui tira ſa collerette.
Réveillons-la, Réveillons-la.
La belle toujours ſommeilla.

(*Il s'interrompt & crie :* Catau *!*)

Jettons, dit-il, ſur la dormeuſe,
Des fleurs par-ci, des fleurs par-là;
Il en couvrit la ſommeilleuſe,
Elle dormit, malgré cela.
Eſſayons un baiſer bien tendre,
Peut-être il la réveillera.
Voyons cela, voyons cela.
Avec adreſſe il ſut le prendre.
Il falloit ça, pas moins que ça,
Et Liſon, enfin, s'éveilla.

(*il s'interrompt encore & crie :* Lucas.)

La Bergere, toute interdite,
Lui dit par-ci, lui dit par-là :
Colin, allez-vous-en bien vîte;
En agit-on comme cela ?
Ma foi, dit-il, j'ai vu l'aurore
Moins belle que vous n'étiez là.
Dormez comm'ça, dormez comm'ça:
Ah! de grace, dormez encore !
Dormez comm'ça, dormez comm'ça;
Et Colin vous réveillera.

Mais, ventregué! le jour eſt tout-à-fait nuit; allons, faut rentrer. Oh! oh! je n'pouvons pas porter

porter ç'bois-là tout seul... où sont-ils donc ?.... Hé! Hé! ..... Lucas!... Catau!... Ah! Oui.... appelle, appelle : les gaillards songeont bian à toi!... j'gage qu'i sont-là..... Lucas par-ci..... Catau par-là.... Que t'es belle!... ah, que t'es biau! J'taime bian.... & moi itou.... Mais palsangué, j'sis ici, moi.... & la charge est trop forte... Catau!... hé! Catau!.. Lucas!.. Ah, chiens! Je n'vous aurions pas mariés sitôt, si j'm'étois r'souvenu q'les amoureux n'pensont qu'à eux.

SCENE II.

MICHAUT, LUCAS, CATAU.

LUCAS, *dans la Chaumière.* (*Il est nuit.*)

C'EST li.... il a crié : Lucas!

(*Catau & Lucas sortent ensemble de la Chaumière, & courent de côté & d'autre.*)

CATAU.

Eh ben! Où ç'donc qu'il est ? On n'voit presque pus goutte.

MICHAUT, *au fond du Théâtre.*

Catau!

CATAU.

Mon pere! où ç'que vous êtes ?

LUCAS.

Papa Michaut, criez encore : je n'ſavons de queu côté torner.

CATAU ET LUCAS, *appercevant Michaut, & allant à lui.*

Ah! Vous v'là, cher pere?

MICHAUT, *avançant à eux.*

Eh! oui, à la parfin me v'là. Pargué, vous êtes de jolis jeunes gens!

LUCAS.

A-vous crié long-temps, pere Michaut?

MICHAUT.

J'en ſis, morguenne, égoſillé.

CATAU.

Je n'vous avons entendu qu'la derniere fois.

MICHAUT.

Ah! Catau!... Catau!... quoi que vous faiſiais!

CATAU.

Mon pere.... j'faiſions l'ſouper.

MICHAUT.

Stapendant ça n'étordit pas l'z'oreilles.

LUCAS.

Moi, j'rangions dans l'guernier l'bois qu'vous avez coupé hier.

MICHAUT.

Ah, Lucas! Lucas! ah! çà.... v'nais m'aider.... Non: commençons par ſti-là, il eſt pus proch' d'la maiſon... j'porterons ſti-là d'là-bas demain matin. (*Ils ramaſſent le bois.*) Eh ben! Qu'eſt-ce? Vous v'là comme des buches de bois. Vous n'me dites plus rian.

CATAU.

C'eſt que j'ſommes fâchés de ç'que vous êtes fâché, mon pere.

LUCAS.

Eune autefois je s'rons tout oreilles.

MICHAUT.

Eh! Ventregué, m'z'enfans, vous êtes des nigauds! Eſt-ce que jons d'la rancune donc?... Vive la joie.... j'aime, morgué mieux, qu'vous n'm'entendiais pas de ſte façon-là, que de vous entendre vous quereller, moi.

LUCAS, CATAU.

O le bon papa!

MICHAUT.

Ramaſſons, ramaſſons.

ARIETTE.

Mes enfans, travaillons gaîment:
J'ons de bons bras & du courage;
Si quelquefois de note ouvrage
Le fardeau nous paroît peſant,

La ſanté nous en dédommage.
Le plaiſir nous tient lieu d'argent,
Et l'eſpoir du mieux nous ſoulage.

CATAU.

Cher Lucas, aime-moi toujours :
Compte à jamais ſur ma tendreſſe.
Lorſque le travail, qui te preſſe,
Différe un moment ton retour,
Vers toi j'accours avec viteſſe ;
Tout inquiette mon amour :
Je te vois, & ma crainte ceſſe.

LUCAS.

Je ne ſuis point ingrat, morgué,
Je t'aime d'un amour fidele ;
Au bois quand le travail m'appelle,
Loin de toi, je ne ſuis point gai ;
Mais le plaiſir ſe renouvelle ;
Et je ne ſuis plus fatigué,
Quand je reviens près de ma belle.

MICHAUT.

Et, je l'répete encor ; morgué, vive la joie. Portais ç'bois-là, vous autres ; & moi, j'vas... Ah ! jarni... j'oublions bian l'meyeur... ma cruche qu'eſt là-bas.

CATAU.

Où, mon père ? où ?... je vas...

MICHAUT.

Va-t'en à la maiſon, va-t'en, Lucas ; porte

tout ça... & toi auſſi... & apprêtais l'ſouper... J'ai eune faim d'enragé... allais.... moi, j'vas charcher ma cruche.

LUCAS.

Vous r'vienrais bien-tôt, papa Michaut?

MICHAUT.

Oui, oui: marche toujours. (*Michaut s'enfonce dans le bois: Lucas & Catau s'acheminent vers la chaumiere en ſe tenant ſous le bras. A gauche, entre les arbres, on apperçoit une femme. Il eſt nuit cloſe.*)

SCENE III.

La lune ſe lève pendant cette Scène.

JULIE.

Où vais-je? où ſuis-je? Ah! mon pere, à quelle affreuſe extrémité me réduit votre rigueur! Je céde à la fatigue, à la douleur, à l'effroi qui m'accable.

(*Elle tombe au pied d'un arbre, & ſe relève effrayée à la voix de Michaut.*)

SCENE IV.

JULIE; MICHAUT, *sortant de la forêt, sa cruche à la main, & chantant le refrain:*

MICHAUT.

Le plaisir nous tient lieu d'argent,
Et l'espoir du mieux nous soulage.

JULIE.

O Ciel! j'entends quelqu'un... Si c'étoit... la crainte me saisit... tout mon sang s'est glacé.

MICHAUT, *chantant.*

Et l'espoir du mieux nous soulage....

JULIE, *se jettant aux genoux de Michaut, qui vient de la heurter.*

Ah! Qui que vous soyez; ayez pitié de mon malheur.

MICHAUT.

Qui va là? C'est la voix d'une femme!

JULIE.

Si vous êtes humain, secourez-moi; sauvez moi du péril qui m'environne.

MICHAUT.

Par la ventergoi, c'eſt une femme ! Hé ! dites-moi donc, la belle ; queuqu'vous faites à ſt'heure-ci comme ça toute ſeule dans les bois ?

JULIE.

Hélas ! le déſeſpoir me conduit : ſais-je où je porte mes pas ?

MICHAUT.

Venais-ça donc un peu que j'vous examine au clair de la leune... Approchais, approchais... Vous avais peur ?... Allais, ne craignais rien... Je n'ſis pas ſi diable que j'ſis noir... Malpeſte !... comme vous êtes jolie dans l'obſcurité ! ça doit être bian biau à la lumiere... Mais, qui êtes vous ?

JULIE.

Hélas ! je ſuis...

MICHAUT.

Quoi ?

JULIE.

Bien malheureuſe !

MICHAUT.

Ça s'peut bian : i gnia tout plein d'malheureux dans l'monde ; &, quand j'y penſe, ç'a m'chagreine.

JULIE.

Vous êtes donc compatiſſant ?

MICHAUT.

Ah ! biaucoup, quand on a pas mérité son infortеune, s'entend ; car, morgué, j'ons un cœur de piarre, quand on est malheureux par sa faute.

JULIE.

ARIETTE.

Ah ! vous aurez pitié de moi :
Je n'ai pas mérité ma peine.
Du destin qui m'entraîne
Je subis la loi.
Le silence, la nuit, l'état où je me voi,
Tout accroît mes allarmes.
Laissez-vous toucher par mes larmes ;
Ayez pitié de moi.
Mes forces s'affoiblissent ;
Mes yeux éperdus
S'obscurcissent ;
Je sens que mes genoux fléchissent ;
Je ne me soutiens plus.

MICHAUT.

Allons, allons, Mam'selle, du courage. N'faut pas se laissé abattre comme ça par el chagrin. Ça n'sera rien : vz'avez eu peur dans ç'bois ; & c'est bian pardonnable... d'queu côté alliais-vous ?...

JULIE.

J'allois, pour éviter le plus grand des malheurs ; j'allois me réfugier dans le monastere que est à l'issue de la forêt. La nuit m'a surprise, je me ſuis égarée, & la frayeur & la fatigue m'ont tellement accablée, que je me ſens hors d'état de pourſuivre ma route.

MICHAUT.

V'nez vous r'poſer cheux nous, ç'te nuit... la nuit de d'main; un mois, s'il le faut. Vous m'avez l'air d'une honnête fille... & pis vous dites que vous êtes malheureuſe... Je n'ſis pas riche... mais j'ai toujours à donner à ceux qui en ont moins qu'moi... Venais... v'là la porte d'cheux nous. (*Il la prend ſous le bras, & la mène vers ſa chaumiere.*)

JULIE.

Que je vous ai d'obligations! Allez... vous n'aurez pas rendu ſervice à une ingrate... ſi jamais je ſuis...

MICHAUT.

Laiſſez, laiſſez c'la... j'fais l'bian pour l'plaiſir de l'faire. Oh! Catau! ouvre, ma fille.

SCENE V.

JULIE, MICHAUT, CATAU, LUCAS.

CATAU. (*Elle ouvre la porte de la chaumiere ; on voit la table mise : tout est simple, mais propre.*)

V'NAIS, mon pere, v'nais ; l'souper vous attend : & moi aussi, dà... Ah ! vous n'êtes pas seul ?

MICHAUT.

Non, morgué : r'garde, est-ce que j'n'ons pas là eune jolie compagne ? Ah, dame ! v'là comme j'les choisis, moi. Allons, Catau, fais la raverence à ç'te Demoiselle, qui n'est pas aussi heureuse que son visage promet de bonheur.

CATAU.

Mam'zelle, j'ons l'honneur d'et'vot'sarvante.

LUCAS.

Soyais la bian venue, Mam'zelle.

JULIE.

En vérité, je suis interdite... les bontés que vous avez pour moi me pénètrent si vivement...

MICHAUT.

Asséyais-vous, ma belle enfant ; vous m'avais

dit qu'vous ériais lasse, asséyais-vous. Allons... sarvez-nous, vous autres : c'est aux pus jeunes à sarvir les plus vieux... à souper.

CATAU.

Ça va-t'ête prêt, mon pere... (*A part, à Lucas.*) Queu qu'c'est que ç'te Dame-là, Lucas?... Alle est jolie, au moins... Que t'en semble?

LUCAS.

J'crois qu'oui... mais ç'n'est pas toi... je n'm'y connois pas.

MICHAUT.

T'nais, m'z'enfans; mettrais-nous l'couvart sous ç'te feuillée : je s'rons pus au frais... (*Michaut & Julie s'asseyent sur un banc de gazon, à la porte de la chaumiere.*) Eh bian! contais-moi donc un peu queu diab'd'aventure vous oblige comme ça à courir les champs quand i fait nuit.

(*Julie & Michaut parlent bas ensemble, pendant que Catau & Lucas chantent : quand ils cessent, Julie & Michaut poursuivent leur conversation tout haut; &, pendant ce dialogue, Lucas & Catau mettent le couvert sous la feuillée.*)

CATAU.

C'est queuqu' grand'Dame de la Ville.

LUCAS.

Qui paroît avoir du chagrin.

JULIE.

Depuis six mois on me persécute pour épouser un Seigneur des environs.

MICHAUT.

Et vous n'l'aimais pas ce Seigneur ?

JULIE.

Je le hais à la mort.

CATAU.

J'n'avons pas un si biau teint ;
Mais j'avons le cœur plus tranquille.

MICHAUT.

Il est donc ben aimable sti-là qu' vot'cœur préfere ?

JULIE.

Ah ! Si vous connoissiez Saint-Alme, vous penseriez comme moi.

CATAU.

Que son parler est gracieux !
C'est un linot qui vient d'éclore.

LUCAS.

Ah ! ta voix est plus douce encore :
A mon cœur tu parles bien mieux.

MICHAUT.

Comment ! vous êtes la fille de M. de Marsanges ? & c'est li qui vous rend malheureuse ? Mais, vous me surprenais ! Il est si bon, M. de Marsanges !... C'est un Seigneur si généreux !... I fait l'bonheur de tous ses vassaux.... I n'est donc injuste que pour sa fille ?

JULIE.

Hélas ! l'ambition, l'intérêt...

MICHAUT.

J'entends : c'eſt que Monſieur le Comte eſt riche.

JULIE.

La Fortune ne l'a pas oublié.

MICHAUT.

Et la Nature ?.... C'eſt-là le tu y autem.

JULIE.

Imaginez la figure la plus odieuſe : ſoixante ans, peut-être, plus que moi ; enfin ſourd & bégue, pour comble de déſagrémens.

MICHAUT.

Ventregué, que ça doit faire un joli homme !

LUCAS & CATAU.

DUO.

Dans notre paiſible chaumiere,
Je ſons plus heureux qu'à la Cour.
J'nous trouvons, chacun à not' tour,
Plus biaux que la nature entiere.
Pourquoi ? Nous nous aimons d'amour.

MICHAUT.

Renoncer au monde, c'eſt un parti, ma belle, un peu violent... Calmais-vous... Tranquilliſaivous ici queuqu'jours; j'varrons à trouver à vot' malheur un remede moins désagriable.

LUCAS, *à Michaut.*

V'là qu'c'est prêt, papa... Vous causerais aussi-ben à tabe.

MICHAUT.

T'as raison, not'fieu... J'babille & j'creve ed' faim... Mais j'pense... (*A Julie.*) Souper com'ça à l'air... ça n'vous enrhumera-t-y pas, mon enfant?

JULIE.

Eh! vous êtes trop bon! Agissez sans cérémonie : je ne suis pas si délicate. Que n'ai-je toujours partagé votre sort? je serois plus heureuse.

(*Michaut & Lucas apportent la table sous le berceau. Catau s'approche de Julie, & l'examine d'un œil curieux.*)

MICHAUT.

Plaçais-vous là, Mam'zelle Julie. Pardon, si j'sommes un tantinet familier : voyais-vous!... j'n'avons pas d'magnieres, mais un bon cœur : l'un vaut ben l'autre. Tenais... (*Il sert Julie.*) Boutais-vous ça sus l'estomac... C'est accommodé à la grosse mordienne... mais, quand on a faim, tout est bon. Vous avais pris de l'exercice aujourd'hui... ça ouvre l'appétit... allons... mangeais... faites com'moi, je n'me fais pas prier.... à boire.

(*Un moment de silence.*)

LUCAS, *se disputant avec Catau.*

Mais, Catau... j'tians la cruche.

CATAU.

J'la tians itou, moi.

LUCAS.

T'es ben contrariante.

CATAU.

T'es ben oſtiné.

MICHAUT.

Eh! morgué, varſez-moi à boire; vous vous diſputerais par après.

LUCAS.

Ah! j'l'emporte... T'nais, papa... (*A Catau.*) Dame! ſ'roit biau voir que tu pris d'la peine, quand j'pouvons t'l'éviter.

MICHAUT, *à Julie.*

A vot'ſanté.

JULIE.

Je vous remercie.

MICHAUT.

Allons, v'là qui va bian... Mais vous, Mam'ſelle, vous n'faites rian : i n'faut pas que l'chagrin nous ôte l'appétit; au contraire, pus on a d'mal, pus i faut manger... ç'a donne la force de l'ſupporter... mais i faut boire.

JULIE.

Je vous ſuis obligée... A votre ſanté.

MICHAUT.

Oh ! mordienne, je m'porte bian...; Mes deux enfans & d'la santé; v'là toute ma richesse... Tatigoi, (*A Lucas & à Catau.*) com'vous mangeais, vous autres ! . . . (*A Julie.*) I n'y a qu'trois jours qu'i sont mariés... L'mariage donne eune faim du diab'... n'est-i pas vrai, Lucas ?

LUCAS, *la bouche pleine.*

Oui, mon pere.

MICHAUT.

Avale... avale... tu parleras par après... (*A Julie.*) Allons, mon enfant, d'la gaieté... Tenais, dans la vie i gnia bian des peines ; mais i faut faire cont'forteune bon cœur... D'la joie... à boire, Lucas... Sarpegué ! faut convenir que l'vin est une bonne chose... Qu'i a rian qui m'clarifie la voix com'ça... Eune petite chanson ; ça divartira ç'te belle enfant-là, qui n'est morgué pas faite pour avoir du chagrin.

ARIETTE.

Le bon vin
Bannit le plus noir chagrin;
J'oublie avec lui ma vieillesse,
J'ai des retours de jeunesse:
Si je dors après mes travaux,
De la treille
Le jus me réveille;
J'avale en deux coups ma bouteille;
Elle appaise tous mes maux.

Allons, Catau, à toi : queuqu'petite drôlerie.

CATAU.

CATAU.

Par ma fi! je l'veux bian. A nous deux, Lucas... La Chanson du Magister... C'est li qui la faite, dà... Il a de l'esprit comme quatre.... Commence, Lucas; j'chanterons l'second couplet; j'l'aime.

ARIETTE.

LUCAS.

Le vin est une bonne chose!
Sur la tonne où je suis assis,
Du monde, à mon gré, je dispose;
Je suis Roi de tous les pays.

(*Ils choquent ensemble.*)

Et tic, & tac, choquons le verre.
Honneur au vin, à la moisson;
Honneur encor à la fougere:
Et tic, & tac, choquons le verre;
Ah! le joli, le charmant carillon!

CATAU.

Pointe de vin rend plus jolie;
Mais il en faut si peu, si peu
Pour faire une tendre folie!
Pointe de vin n'est pas un jeu.
Et tic, & tac, &c.

LUCAS.

Le vin brave la terre & l'onde.
Par des canaux jamais taris
Le vin circule dans le monde.
Le vin est de tous les pays.
Et tic, & tac, &c.

MICHAUT.

Amis, tout ſe détruit, tout paſſe;
Mais avec ce nectar divin,
L'Univers peut changer de face;
J'aurai toujours le front ſerein.
Et tic, & tac, &c.

(*Ils reprennent le premier couplet en chœur, &*
CATAU *chante.*)

Le vin eſt une bonne choſe!
Sur la tonne où l'on eſt aſſis,
Du monde, à ſon gré, l'on diſpoſe.
On eſt roi de tous les pays.
Et tic, & tac, &c.

JULIE.

C'eſt chanter à merveille, & la chanſon eſt charmante.

LUCAS.

Qu'eſt-ç'donc qu'jentends?

MICHAUT.

On frappe à la porte d'l'écurie.... c'eſt queuqu'un qu'eſt venu par le p'tit ſentier.

JULIE.

Ah! cachez-moi, cachez-moi, je vous en conjure... Si c'étoit des gens que mon pere envoye à ma pourſuite, je ſerois perdue.

MICHAUT.

Et vîte, & vîte.... paſſez dans la chambre ed' Catau, j'n'y laîrons entrer parſonne.

(*Julie entre dans la chaumiere avec Catau, qui revient ſur le champ.*)

MICHAUT.

Va ouvrir, Lucas.

(*Michaut reſte à table, & reçoit Saint-Alme d'un grand ſang-froid, & ſans ſe déranger.*)

SCENE VI.

SAINT-ALME, MICHAUT, CATAU, LUCAS.

(SAINT-ALME *eſt en bottines: il a un fouet à la main; il entre comme un homme égaré.*)

LUCAS.

C'EST Monſieur qui frappait comm' un enragé à la porte ed'l'écurie; ſi je l'avions laiſſé faire i s'roit, morgué, entré juſqu'ici avec ſon cheval.

(SAINT-ALME *regarde de tous les côtés & va examiner Catau ſous le nez.*)

MICHAUT.

Eh, bien! Monſieur, queu q'vous voulais?

SAINT-ALME.

Eſt-elle ici?

MICHAUT.

Qui ?

SAINT-ALME.

Je vous demande ſi elle eſt ici ?

MICHAUT.

Par la ventergué ! eſt-ç'q'vous vous gauſſais d' moi ? Non, alle n'y eſt pas.

SAINT-ALME.

Elle n'y eſt pas ! je ſuis au déſeſpoir... *(Catau, effrayée de l'air agité de Saint-Alme, ſe réfugie auprès de ſon pere.)* Julie, ma chere Julie, votre amant vous perd donc pour toujours !

MICHAUT, *à part, à Catau.*

Ah ! c'eſt-là l'amoureux.

SAINT-ALME, *s'adreſſant tantôt à Michaut, tantôt à Lucas, qui le regarde avec de grands yeux ſans lui répondre.*

Quoi ! vous n'avez point apperçu...

MICHAUT, *à part.*

Il eſt, morgué, biau garçon.

SAINT-ALME.

Une jeune & belle perſonne ?

MICHAUT, *à part.*

Je n'm'atonne pas qu'alle préfare ſti-ci...

SAINT-ALME.

Elle doit être bien miſe....

MICHAUT.

A ſti-là qu'eſt ſourd & begue.

SAINT-ALME.

Eh! répondez-moi, je vous en conjure...

MICHAUT, *à Saint-Alme.*

Vous êtes donc un amoureux dont la maitreſſe court les champs?

SAINT-ALME.

J'ai perdu Julie!... Il faut que je meure.

MICHAUT.

La peſte, mourir!... c'eſt ſarieux... Mais, que voulais-vous?

SAINT-ALME.

Rien... Vous n'avez pas vu Julie!.. Vous riez de ma douleur!... Vous êtes bien cruels... Je vais pourſuivre ma route... Je vais chercher Julie... Je vais mourir.

CATAU, *les larmes aux yeux.*

I va mourir, mon pere.

LUCAS, *avec un petit mouvement de jalouſie.*

T'es ben compaſſioneuſe.

MICHAUT.

Acoutez-donc, Monſieur l'déſeſpéré : faut-i prendre com-ça tout au ſarieux... Vous dites donc qu'vous aimez ç'te mam'zelle Julie, &

qu'ç'est autant d'mort qu'vot' parsonne, si vous n'la retrouvez ?

SAINT-ALME.

Eh! laissez-moi, puisque. . .

MICHAUT.

Morgué, ce s'roit pourtant bian dommage de laissi trépassé un biau gentilhomme com'vous, quand on peut l'ressusciter ?

SAINT-ALME.

Que dites-vous ?

MICHAUT.

R'gardais-moi, là. . . N'ai je pas la meine d'un homme qui peut faire vot' bonheur ?

SAINT-ALME.

Quoi !. . Julie !

MICHAUT.

Que m'bailleriais-vous, si j'vous la rendais.

SAINT-ALME, *rapidement.*

Ma montre, ma bourse, mon cheval, ma vie.

MICHAUT.

Eh, ventergué ! Quoi q'u'vous garderiais donc pour elle ?

SAINT-ALME, *avec volubilité.*

Ah, Monsieur !. . . Ah, mon cher ami ! . . .

Vous voyez mon état, mon amour, mon désespoir. . . Au nom du Ciel, ne me faites pas mourir d'impatience : avez-vous vu Julie? l'avez-vous trouvée? est-elle venue ici? vous a-t-elle parlé? que vous a-t-elle dit?

MICHAUT.

Queu déluge de questions! queu ravin de paroles! (*Bien haut.*) V'nais, Mam'zelle Julie, v'nais répondre à tout ça. I gnia trop d'ouvrage pour moi tout seul.

SCENE VII.

JULIE, SAINT-ALME, MICHAUT, CATAU, LUCAS.

SAINT-ALME, *venant à Julie.*

C'Est vous!... c'est vous, Julie!

JULIE.

Saint-Alme, je vous revois! Ah! l'Amour qui nous réunit, permettra-t-il qu'on nous sépare encore?... Mais, comment avez-vous découvert mon asyle?

SAINT-ALME.

A la faveur de la foule attirée dans le château par le bruit de votre fuite, je me suis introduit chez le jardinier ; & Louison, sa fille, m'a dit que vous étiez sortie par le parc, & que probablement vous aviez pris le chemin de la forêt ; sans demander plus ample information, je suis monté à cheval, & j'ai suivi cette route : je me suis égaré, & c'est sans doute à cet accident, dont je rends grace au Ciel, que je dois le bonheur de vous avoir retrouvée.

JULIE.

Ah ! Saint-Alme, qu'allons-nous devenir ?

SAINT-ALME.

Le Ciel ne nous abandonnera pas ; il doit son assistance aux amans fidèles.... Ma chere Julie !

JULIE.

Saint-Alme !

CATAU, *à part, à Lucas.*

Est-ce que leux caresses ne t'émouvent pas, Lucas ?

LUCAS.

Si fait bian : j'sis tout je n'sçais comment.

CATAU.

Et moi itou.

MICHAUT, *à Julie & à Saint-Alme.*

Ah ! çà, mes biaux enfans ; v'la qu'est bel & bian ; mais, vous n'pouvais pas rester toute vot' vie dans ma chaumiere... Non pas que j'vous la r'fusis, voyais vous ! je m'croirions trop heureux, si alle servait toujours d'asyle à d'honnêtes gens comme vous... mais c'eſt qu'alle n'eſt pas deigne de vot' parſonne ; & pis, c'eſt qu'vous, Mam' zelle, vous êtes affligée d'une dix-huitaine d'années, & Monſieur d'une vingtaine tout au plus ; & que ces deux âges-là, & l'amour par-deſſus, n'pouvont pas loger honorablement ſous l'même toît, à moins que l'mariage n'ait tant ſoit peu manigancé l'arrangement..... Pardonnais..... j'vous parlons à cœur ouvart.... j'vous parlons com' j'parlerions à ç'te p'tite fille & à ç'gas-là, qui ſont m'z'enfans.

SAINT-ALME.

Eh quoi! vous nous abandonnez?

JULIE.

Vous qui êtes ſi compatiſſant, vous êtes inſenſible à nos peines?

MICHAUT.

Oh! jarnigoi, n'pleurez pas, vous m'fendais l'cœur. Non, non, je n'vous délaîrons pas, la belle déſolée. Mais, morgué, j'vous rapatrirons avec votre pere, ou ç'n'eſt pas un homme.... Laiſſais-moi tant ſeulement rêver.

JULIE.

Monſieur de Marſanges eſt d'une fermeté dans ſes opinions....

MICHAUT, *vivement.*

Sarpejeu, quand i ſ'roit cent fois plus farme... Oh! .. j'ons des moyens ſûrs de faire convenir les gens de leux torts... & j'ſçaurons.. ſi ben...

tellement que... m'y v'là... ſoyais tranquilles..? ou vot' pere eſt un homme pardu d'méchantiſe, ou d'main matin vous s'rais la femme de ç'biau garçon-là... N'vous boutais pas en peine.

SAINT-ALME, *vivement.*

Seroit-il bien poſſible !

JULIE, *vivement.*

Vous nous rendez la vie.

MICHAUT, *avec fermeté.*

J'réuſſirons... ou l'diable s'ra bian fin... i s'fait tard ?

SAINT-ALME, *regardant à ſa montre.*

Il eſt minuit paſſé.

MICHAUT.

Dans deux heures d'ici i f'ra jour... Lucas, t'iras ſeller mon cheval.... Catau, t'iras met' ta cornette & ton tablier des Dimanches... J'veux qu'tu paroiſſes proprement.

CATAU.

Quoi qu'vous voulais donc que j'faſſe, mon Pere ?

MICHAUT.

N't'embarraſſe pas; j't'inſtruirons d'tout-ça en chemin..... (*Fermement.*) Partons pour le château d'Marſanges.

JULIE, *effrayée.*

Pour le château de Marſanges ?

SAINT-ALME.

O Ciel !

MICHAUT.

Rassurais-vous... j'réponds d'tout.... Vous, mon biau Monsieur, partais l'premier... j'tâcherons d'vous cacher queuq'part dans la hutte du Jardinier... Ç'te certaine Louison dont vous v'nais d'parlé, nous en baillera les moyens.

SAINT-ALME.

Quel est votre dessein?

JULIE.

Que prétendez-vous faire ?

MICHAUT.

Chut... j'n'avons pas l'temps d'babiller... Décampais, biau garçon... j'vous r'joinrons au point du jour... partais, i n'faut pas qu'on vous voye avec Mam'zelle : si j'étions rencontrés d'queuqu'un des gens d'son pere, ça gât'roit tout ; Mam'zelle, Lucas, Catau & moi, j'vous suivrons d'loin.

SAINT-ALME.

Nous séparer ?

JULIE.

Il le faut.

MICHAUT.

Partais en diligence :
Songez que je vous sers.

En amour, un moment d'abſence
Eſt un revers.

SAINT-ALME.

Quel tourment pour ma flamme !
O rigoureux devoir !
Je pars à regret : mais mon âme
Garde un eſpoir.

JULIE.

C'eſt un moment d'orage,
Il ramene un beau jour.
Oui, ranimons notre courage,
Au feu d'amour.

TOUS, *en chœur.*

Ce Dieu, ſûr du ſuccès, finira ſon ouvrage.

Fin du ſecond Acte.

ACTE III.

Le Théâtre représente la Grille qui est en face du Château : on voit sur un des côtés la maison du Jardinier ; de l'autre une cabane qui semble joindre le Hameau au Château de Marsanges.

SCENE PREMIÈRE.

SAINT-ALME.

TOUT est encore paisible dans le château. .... Sans doute Monsieur, de Marsanges n'est point rentré... j'ai devancé Julie, & ces honnêtes paysans qui nous servent avec tant d'humanité. .. Si je voyais Louison, elle m'introduirait chez son Pere ; & là, j'attendrais l'arrêt de mon sort.

SCENE II.

SAINT-ALME; LOUISON, *sortant de la maison du Jardinier.*

LOUISON.

EH! mais, à peine fait-il jour. Je croyais qu'il était plus tard. L'incertitude, la crainte & l'impatience ont hâté mon réveil... Personne ne para t encore. (*Elle se trouve auprès de Saint-Alme.*) O Ciel! c'est vous, Monsieur?

SAINT-ALME.

Louison?... c'est toi... je l'ai trouvée.

LOUISON.

Mademoiselle Julie? .

SAINT-ALME.

Je l'ai trouvée... je la ramene.... conçois-tu mon bonheur? conçois-tu l'excès de ma joie? Elle va venir, accompagnée d'une paysanne, du pere & du mari de la jeune fille: tu les recevras & tu feras tout ce qu'ils exigeront de toi.

LOUISON.

Mais, au moins, il faudroit m'expliquer.... J'entends du bruit... on marche de ce côté: c'est peut-être quelqu'un des gens de Monsieur de Marsanges; sauvez-vous par-là.... cachez-vous.

(Saint-Alme se cache derriere une touffe d'arbres, à droite du Théâtre.)

SCENE III.

LOUISON, LE COMTE.

LOUISON.

QUELLE sera la fin de tout ceci?... Mais, je ne me trompe pas, c'est Monsieur le Comte... Ah! grand Dieu! quelle figure! que lui est-il arrivé? il n'est que boue depuis la tête jusqu'aux pieds. Malgré mon chagrin, je ne puis m'empêcher de rire.

LE COMTE.

ARIETTE.

Ahi! ahi! je suis éreinté;
Mon côté! mon pauvre côté!
Je me soutiens à peine.
La douleur me fait perdre haleine.
Ahi! ahi! je suis éreinté.
Amour, ta malice incroyable
S'est joué de moi, pauvre diable,
Moi, pauvre diable!
Voyez comme je suis crotté!
Ahi! ahi! mon pauvre côté!

LOUISON, *riant.*

Eh ! Monſieur, comme vous voilà fait !

LE COMTE.

Tu... tu ris, méchante ! tu ris, &... & je ſuis tout... tout diſloqué.

LOUISON.

Je ne ſais pas, Monſieur, s'il vous eſt arrivé quelque accident ; je ris ſeulement de vous voir dans un déſordre qui me paroît plaiſant.

LE COMTE.

Hein ? qu'eſt... qu'eſt... qu'eſt-ce que tu dis ?

LOUISON.

Nous ramenez-vous Mademoiſelle, Monſieur ? l'avez-vous trouvée ?

LE COMTE.

Oui, oui.

LOUISON.

Oui ?

LE COMTE.

En... en... en voilà les marques.

LOUISON.

Comment, ces éclabouſſures ?

LE COMTE.

Depuis la... la tête juſqu'aux... aux... aux pieds, mon enfant, je... je ne ſuis que meur... meurtriſſures.

LOUISON.

Mais quel rapport Mademoiselle Julie. . .

LE COMTE.

Oh. . . oh. . . le maudit cheval ! . . . le. . . le maudit cheval !

LOUISON.

Vous êtes tombé de cheval ? Mais vous devez être tout froissé.

LE COMTE.

Oui... oui... c'étoit un fossé... un fossé de... de... de qu... qua... quatre pieds de profondeur... Il a fait... ah ! mes reins !... ah !... ah ! le mau... maudit cheval !... il a fait un écart... je... je... je lui ai donné l'ép.... l'éperon ; mais co... co... comme j'avois peur en... en même temps, je me suis tenu à la bride. I... i... il s'est ca... ca... cabré, & je suis tombé.

LOUISON.

Et, du moins, vous a-t-on porté du secours ?

LE COMTE.

Ah ! pa... pa... parbleu ! coure à... à... après elle qui voudra : pou... pou... pour moi, je... je suis revenu de mes cou... de mes courses. Voyez co... co... comme je suis a... a... accommodé, & pou... pour qui ? pou... pou... pour une ingrate qui... qui riroit encore de... de ma triste a... a... aventure, si... si... si... elle me... e... e.. voyoit dans... ans... cet état.

LOUISON.

Et Monſieur de Marſanges ?

LE COMTE.

Qu'e... qu'elle s'arrange... qu'e... qu'elle coure juſqu'au bout du monde. Le... le... Diable m'em... m'emporte, ſi je... je... je vais la chercher. Je n'en puis plus : j'ai au... au... au moins deux côtes fra... fracaſſées... je vais me re... repoſer. Voi... voilà ce que c'eſt que... que... que l'amour ! Voyez comme i... i... il accommode un homme ! Ah ! j'au... j'augure mal de... de mon mariage ; les préli... préli... préliminaires n'en ſont pas... pas... heureux.

(*Il ſort.*)

SCENE IV.

LOUISON, *ſeule.*

IL a raiſon... à ſa place j'aurois quelques petites appréhenſions... Mais cependant me voilà auſſi peu inſtruite qu'avant de l'avoir vu... Quel homme ! on n'en peut jamais tirer une réponſe qui ait trait à ce qu'on lui demande.

SCENE V.

JULIE, MICHAUT, CATAU, LUCAS, LOUISON.

LOUISON.

MAIS... me trompé-je ? eh! non,... c'est elle-même... les voilà... ce sont eux ... la jeune paysanne & les deux paysans dont Monsieur de Saint-Alme m'a parlé. (*A Julie.*) Mademoiselle, Mademoiselle, venez vîte.

JULIE.

Ah ! ma chere Louison, quelle frayeur je viens d'avoir !

MICHAUT.

Acoutez. J'l'ons échappé belle.

LOUISON.

Comment ?

MICHAUT.

A un quart-de-lieue d'ici j'ons rencontré un gros des gens d'son pere qui veniont droit à nous. J'ons fait cacher mes trois jeunes gens dans les broussailles, j'ons pris mes jambes à mon cou ; &, prenant un chemin de travarse, je me sis écarté de la route des domestiques : après ça, j'sis revenu comme par derriere eux & je leux ai dit qu'j'avois vu

Mademoiselle Julie à une demi-lieue de-là, du côté de la montagne. Ils ont détaché l'un d'entre eux pour courir envars Monsieur de Marsanges, qui n'étoit pas loin, & li dire qu'i vont li ramener sa fille; j'leux ai conseillé de s'ménager l'honneur d'une si belle prise, & sti-là qu'est parti a promis à ses camarades, à condition qu'i partageroit l'profit, d'amener l'pere d'Mam'zelle ici sus la certitude de la revoir avant une demi-heure.

LOUISON.

Personne encore n'a paru, excepté....

JULIE, *avec empressement.*

Qui?

MICHAUT, *en riant.*

Eh, parguienne! not' amoureux, not' biau garçon... sti-là qu'j'épousons ce soir.... Monsieur de Saint-Alme.

LOUISON.

Il y a déjà long-temps qu'il est arrivé.

MICHAUT.

Oh! l'amour & l'espérance ont de bonnes jambes.

JULIE, *à Louison.*

Et mon pere?... Ah! Louison, que je me reproche le chagrin que je lui cause!

LOUISON.

Il est encore à votre poursuite, je l'ai envoyé du côté de Paris. Monsieur le Comte avoit aussi couru après vous : mais ſon cheval n'a pas été d'avis de ce voyage ; il l'a envoyé un peu rudement ſe repoſer dans un foſſé : ſes gens l'en ont retiré ; & il vient d'arriver.

JULIE.

Et mon pere n'eſt point encore revenu ?..

LOUISON.

Non, Mademoiſelle.

MICHAUT.

Qu'a-vous fait de Monſieur de Saint-Alme ?

LOUISON.

A l'arrivée de Monſieur le Comte, je l'ai fait cacher derriere cette touffe d'arbres que vous voyez d'ici. Je cours le chercher.

(*Elle ſort.*)

SCENE VI.

JULIE, MICHAUT, CATAU, LUCAS.

JULIE.

AH! mon pere!.. me pardonnerez-vous la faute que le désespoir m'a fait commettre?

MICHAUT.

Il vous la pardonnera; il a un cœur qui plaidera vot' cause. Ç'doit être à la Ville comme dans nos Villages; l'métier d'z'enfans est de faire des sottises; celui des peres est d'les pardonner.

SCENE VII.

Les Acteurs précédens, LOUISON, SAINT-ALME.

LOUISON.

LE voilà, le voilà... il vous a apperçus; il venoit.

SAINT-ALME, *accourant.*

Ah! Julie, comment m'acquitter jamais envers vous! Que de peines vous cause mon amour!

MICHAUT.

J'n'ons pas d'temps à perdre. Vous vous dirais toutes ces belles choses-là eune aut'fois. *(A Louison.)* Mam'zelle, si vous avez d'l'amiquié pour vot' Maitresse, & pour Monsieur, il faut les cacher queuqu'minutes chez vous, m'parmette d'entrer dans l' Château, guetter l'moment où Monsieur de Marsanges arrivera, li présenter ç'te jeune fille & ç'garçon-là qu'est son mari, ne rien dire de tout çe que vous avais vu, de ç'que vous sçavez, les laisser parler, & me laisser faire. V'là ç'qui nous faut : l'pouvez-vous?

LOUISON.

Pour ma Maitresse, qu'est-ce que je ne ferois pas! Mon pere est réveillé. Vous pouvez vous cacher dans sa chambre. Il ne vous quittera pas, & j'irai de temps en temps vous instruire de tout çe qui se passera.

MICHAUT.

Allons.

JULIE.

Ah! comme le cœur me bat!

MICHAUT.

Du courage. Je suis sûr de mon fait. . . . *(A Catau & à Lucas.)* Enfans, c'est à vous de me seconder.

CATAU.

N'vous boutais pas en peine......... qu'i vienne tant seulement,, qu'i vienne M. de Marsanges.

C'eſt autant d'gagné ; j'vous l'livrons plus doux qu'un mouton.

MICHAUT.

Entrons.

LOUISON.

Attendez. Il faut s'aſſurer ſi l'on ne peut nous voir entrer dans le château. Voyez de tous les côtés s'il n'arrive perſonne ; (*A Michaut*) ; & vous, ſuivez-moi, on ne vous connoît pas, vous ne riſquez rien.

(*Louiſon entre dans le château, accompagnée de Michaut. Catau & Lucas ſont chacun à une des aîles du théâtre, & regardent ſi perſonne n'arrive. Julie & Saint-Alme chantent, & ſont ſur le devant du théâtre.*)

SAINT-ALME.

Soyez ſans inquiétude, ma chere Julie ; j'attends tout de ces bons Payſans.

DUO.

SAINT-ALME & JULIE.

C'eſt avec toi
Que du plaiſir d'aimer mon cœur encor s'enivre.
Ce cœur d'un autre amour n'eût point ſubi la loi ;
Et, ſi je deſire de vivre,
C'eſt avec toi.

Amour, daigne écouter nos vœux ;
Fais triompher notre conſtance.

Dans nos cœurs tu mis tous tes feux.
Pour nous rendre à jamais heureux,
Amour, ſignale ta puiſſance.

C'eſt avec toi, &c.

LOUISON, *à Julie & à Saint-Alme, après le duo.*

Venez, venez : perſonne ne paroît ; mon pere vous attend.

SCENE VIII.

CATAU, LUCAS, *ſortant de derriere les arbres.*

CATAU.

Les voilà partis : ah! çà..... ſais-tu bian ton hiſtoire?

LUCAS.

Sur l'bout d'mon doigt.

CATAU.

C'eſt qu'i faut jouer au pus fin. T'rappelles-tu bian tout ç'que mon pere t'a dit?

LUCAS.

Eh! oui, Catau : j'ons bonne ſouvenance : ne t'boute pas en peine..... & pis.... c'eſt toi.... ton parſonnage eſt le pus vétilleux.... ſonge qu'i faut ſe jetter à genoux.

CATAU.

I faut pleurer, quand je s'rai à genoux.

LUCAS.

Ç'n'eſt pas l'tout d'pleurer; faut du déſeſpoir.

CATAU.

Je n'me déſeſparerons que d'reſte..... je joinrons les mains en magniere de ſupplication.... & quand je s'rons proſtarnée aux pieds de M. de Marſanges, j'li dégois'rons mon p'tit menſonge

LUCAS.

D'un air bian pénétré d'angoiſſe.

CATAU.

Oh! d'eun air affligé.... de déſolation... j'entremâlerons ça de queuques ſanglots bian nourris, & d'temps en temps d'gros ſoupirs...... dame, faudra voir!

LUCAS.

Et j' joinrons mon chagrin à tes larmes.

CATAU.

C'eſt-là qu'i faudra redoubler nos douleurs.

LUCAS.

Boute-toi dans l'eſprit, Catau, que j'ſavons auſſi ben qu'toi jouer le parſonnage d'un menteur.

CATAU.

Je n'mentons qu'pour rendre ſarvice.

LUCAS.

C'est en tout bian, tout honneur que j'donnons l'croc en jambe à la vérité.

CATAU.

J'n'avons rian à nous r'procher... not'pere nous en a baillé l'ordonnance.... Lucas ! N'entends-tu pas du bruit ?..... Tiens, v'là du monde au bout d'l'avenue.... Que d'monde ! On vient vers le Château.... j'gage que c'est Monsieur de Marsanges..... i gnia pas à reculer.... nous y v'là.... faut sauter le fossé.

LUCAS.

Allons, morgué, sautons.

SCENE IX.

CATAU, LUCAS, LOUISON.

CATAU, *à Louison.*

MAM'ZELLE, v'là qu'on vient.... Est-ce lui ? Est-il parmi tout ç'monde ?

LOUISON.

Oui, mes amis ; c'est celui qui donne la main à la vieille Dame.

LUCAS.

Ça suffit.

LOUISON.

Je tremble.... Ah! mes amis.... Nous n'espérons qu'en vous.... le sort de ma Maitresse est dans vos mains.... vous nous rendez tous heureux, si vous faites son bonheur.

(*Elle sort.*)

CATAU.

Je s'rons d'not'mieux..... Allons, Lucas; la balle est en l'air, faut la retenir.

SCENE X.

M. DE MARSANGES, LA MARQUISE, LE PRESIDENT, CATAU, LUCAS, DOMESTIQUES *de M. de Marsanges.*

M. DE MARSANGES.

ALLONS, ma tante; il faut faire ce que vous voulez. Je n'irai pas plus loin; mais c'est peut-être un faux avis qu'on vous aura donné.

LA MARQUISE.

Non, non : je ne sais quoi me dit que je vais bientôt revoir mon enfant, ma Julie, ma pauvre Julie.

M. DE MARSANGES.

Ne vous éloignez point, vous autres; que vos

chevaux ſoient tout prêts. Si dans une demi-heure nous n'avons point de nouvelles, nous repartons ſur le champ.

LA MARQUISE.

Nous ne ſerons pas à cette peine.

LUCAS & CATAU, *en ſe jettant aux genoux de M. de Marſanges.*

Monſeigneur..... Ah! Monſeigneur, écoutez-nous.

M. DE MARSANGES.

Que voulez-vous ?

CATAU.

Monſeigneur, ne nous abandonnez pas : je n'eſpérons qu'en vous.

M. DE MARSANGES.

Levez-vous, levez-vous.

LUCAS.

Non, mon bon Seigneur; je reſterons-là juſqu'à ce que vous nous promettiais d'nous acouter.

CATAU.

D'nous ſecourir.

LUCAS.

D'nous protéger.

CATAU.

J'ons entendu dire par-tout qu'vous étiez un

honnête-homme..... & d'ſus ç'te croyance...... j'nous réfugions dans vot' ſein.

M. DE MARSANGES.

Levez-vous, mes enfans ; je vous écouterai... je vous protégerai.... je vous ſecourerai : levez-vous.

LA MARQUISE, *à M. de Marſanges.*

Il faut les entendre, il faut leur faire du bien ; ils ont l'air honnête.... ils ſont intéreſſans.

M. DE MARSANGES.

Qui êtes-vous, mes amis ?

LUCAS.

De pauvres Payſans, vos vaſſaux.

CATAU.

J'nous appellons, moi Catau, lui Lucas.

M. DE MARSANGES.

Que puis-je faire pour vous ?

CATAU.

Nous ſauver d'la perſécution.

M. DE MARSANGES.

On vous perſécute ?

CATAU.

Hélas ! Oui : i n'y a pas de fille au monde pus malheureuſe qu'moi..... ſi vot'viſage n'eſt pas un menteur, i'dit comme ça, ſans qu'vous parliais, qu'vous avez un bon cœur.... un cœur de Roi.... un cœur qui n'peut pas voir souffrir les filles..... ne reniais pas l'témoignage de votre physionomie, mon bon Seigneur.... secourez-moi.... sauvez-moi.....

M. DE MARSANGES.

Mais que vous est-il arrivé ?

LUCAS.

On veut la marier.

LA MARQUISE.

Et cela t'afflige ?

CATAU.

Ah ! Ma bonne Dame, c'est qu' mon pere....

LA MARQUISE.

Quel est-il votre pere ?

CATAU.

Il a nom Michaut ; c'est un bucheron qui travaille à l'entrée d'la forêt...... là..... à eune lieue d'vot' château.

M. DE MARSANGES.

Ce n'est pas lui qui vous persécute ?

LUCAS.

Hélas ! si fait.

LA MARQUISE.

Comment, comment ?

CATAU.

J'vous l'dirois bian..... mais j'sis toute honteuse.... ça m'fait monter la couleur au visage.

TOUS.

Parlez, parlez.

CATAU.

Dis pour moi, Lucas; j'n'oserois.

LUCAS.

Mon bon Seigneur, t'nez, v'la l'fait. Son pere li veut bailler en mariage, not' Bailli, un homme qu'alle n'peut souffrir.

M. DE MARSANGES.

Et pourquoi?

CATAU.

C'est que.... c'est que.... dis donc, Lucas.

LUCAS.

C'est qu'alle en aime un autre.

CATAU.

ROMANCE.

Je suis simple & née au Village,
J'aimons par-dessus tout l'honneur.
Mais, maugré ça, mon bon Seigneur,
Maugré qu'on soit honnête & sage,
N'sent-on pas ben jâser son cœur ?

Un jour j'étois au bois seulette,
Lucas y vint, pour mon malheur.
Entr'autres mots pleins de douceur,
I m'dit comm' ça : tiens, ma poulette,
Pour le mien, donne-moi ton cœur.

Vous sentez que j'fis résistance.
Dam'! falloit voir mon ton d'rigueur!
Mais regardez queu trait d'noirceur!
Ne v'là-t-i pas, quand moins j'y pense,
Ç'fripon d'Lucas qui m'prend mon cœur.

J'eus beau crier : j'pardis ma peine :
Le méchant n'entendoit plus rien.
Pour ne pas perdre tout mon bien,
J'm'avisis, & j'li dis : parguienne,
Garde mon cœur, je prends le tien.

LA MARQUISE.

Ah! mon neveu, l'aimable enfant!.... c'est comme ma Julie....... Eh bien! mon petit cœur! Allons..... voyons..... contez-nous donc un peu ça..... pas vrai, mon neveu, qu'elle est charmante?

M. DE MARSANGES, *à Catau.*

C'est donc ce garçon-là que vous aimez?

LUCAS.

Oui, Monseigneur; & j'lui rends bian.

CATAU.

Oh ! pour ça, oui : çe n'eſt pas parce qu'il eſt là.... mais c'eſt l'meilleur enfant qu'Lucas.... i n'y a parſonne dans l'monde que j'trouve plus biau qu'lui..... après vous, Monſeigneur.

M. DE MARSANGES.

Et quel eſt donc celui que votre pere vous deſtine.

CATAU.

C'eſt un p'tit homme, qui a toujours l'air d'queuqu'un d'fâché ; & ça, même quand il eſt d'bonne himeur. Il eſt quaſi borgne de ſes deux yeux ; il n'entendroit pas tonner, tant il eſt ſourd ; il eſt boſſu, mais boſſu... Oh ! Monſeigneur, rien n'y manque, i gni'en a pour quatre ; il eſt boiteux, & par d'ſus tout ç'a, i touſſe, i touſſe, qu'ça fait pitié. V'm'avouerais, Monſeigneur, qu'un galant comme ça n'donne pas envie du mariage.

LA MARQUISE.

Mon neveu..... voilà le Comte trait pour trait..... en vérité c'eſt lui ; n'eſt-il pas vrai que c'eſt le Comte ?

M. DE MARSANGES.

Ma tante, vous n'y penſez pas.... mais voilà un portrait qui n'eſt pas avantageux.

LUCAS.

Il eſt d'après nature.

CATAU.

Je l'ons même adouci tant ſoit peu, Monſeigneur, parce qu'i faut d'la charité pour ſon prochain.

M. DE MARSANGES.

Mais qui peut porter votre pere à vous faire épouſer cet homme-là ?

CATAU.

Oh, dame ! c'eſt qu'il eſt bian riche ; i n'faut pas croire, mon bon Seigneur, qu'i n'y ait qu'les Meſſieux d'la ville qui faiſiont des ſottriſes par intérêt. Tout Villageois que j'ſommes, j'n'avons pas pus d'conſcience qu'eux, quand i s'agit d'nous enrichir.

M. DE MARSANGES *témoigne un peu de confuſion ; mais il ſe remêt bientôt, & répond...*

Vous avez réſiſté long-temps, ſans doute, à votre pere ?

CATAU.

Ah ! tant que j'ons pu ; mais hier, i m'a baillé la ſignifiance que m'z'épouſailles étoient fixées à aujourd'hui... je me ſons miſe à m'déſeſpérer... J'ons rencontré Lucas qui s'déſeſpéroit itou : j'li ons conté not'malheur... ç'pauvre garçon en s'roit mort de chagrin, ſi i navoit pas penſé que je n'pouvois vivre ſans li... & dans la douleur où j'étions, j'n'ons vu que vous, Monſeigneur, en qui j'puiſſions trouver un remede à nos peines.

LA MARQUISE.

Cette pauvre petite !... c'eſt comme ma Julie... Mon neveu, c'eſt la même choſe... cela doit vous déchirer le cœur.

M. DE MARSANGES, *un peu en colere.*

Rentrons, rentrons.

CATAU & LUCAS, *d'une voix qui paroît étouffée par les larmes.*

Ah ! Monſeigneur, vous nous abandonnez !

LA MARQUISE.

Mon neveu !...

CATAU & LUCAS.

Ayez pitié de nous.

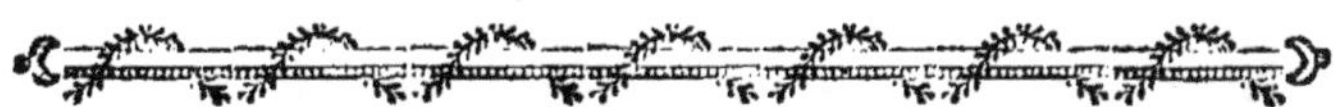

SCENE XI.

Les Acteurs précédens, LOUISON.

LOUISON.

AH ! Monſieur, venez vîte... accourez.

M. DE MARSANGES & LA MARQUISE.

Quoi donc ? Eſt-ce Julie ?

LOUISON.

Eh ! non... c'eſt un homme tout eſſoufflé qui

vient d'entrer par la petite porte du parc ... il crie, il jure ; il demande sa fille & un coquin qui s'est enfui avec elle... il veut vous parler... il a l'air d'un fou... il monte, il descend les escaliers du Château... il entre dans toutes les chambres en criant... Catau!.. Catau!

CATAU.

C'est mon pere !

LUCAS.

C'est li !

CATAU.

Je suis pardue !

LUCAS.

C'est fait de moi !

LA MARQUISE, *avec chaleur.*

Monsieur, serez-vous encore assez cruel ?..

M. DE MARSANGES.

Non, mes enfans; ne craignez rien... Votre père ne vous fera point de violence chez moi; je me charge de lui faire entendre raison.

LOUISON.

Le voilà.

LA MARQUISE.

Cachez-vous, mes enfans; nous allons faire votre paix.

SCENE XII.

MICHAUT, les Acteurs précédens, (*Catau & Lucas dans l'enfoncement.*)

MICHAUT, *avec l'apparence de la plus violente colere.*

I SONT ici... on m'a dit qu'i z'avoient pris le chemin de ç'Château... Monseigneur, faites-moi justice.

M. DE MARSANGES.

Oui, Michaut, ils sont ici.

LA MARQUISE.

Et nous les protégeons contre vous, ces pauvres enfans !

MICHAUT.

Vous les protégeais ! Vot'protection à un coquin qui m'enleve ma fille !... Vot' protection à eune fille qui décampe de d'chez son pere pour suivre un vaurien qui a parvarti son innocence !

LA MARQUISE.

Ils s'aiment : Lucas épousera votre fille... cela réparera tout : ils s'aiment.

MICHAUT.

J'leux ons défendu.

M. DE MARSANGES.

On ne commande point à ſon cœur.

MICHAUT.

Tarare... eune fille bian née n'doit ſentir d'amour que par avis d'parens... &, morguenne, j'ſavons l'z'uſages, nous autres... Et pis, Monſeigneur, r'gardais un peu ſon équipée... j'allions la marier, tout étoit prêt; j'avions déja mandé les violons, ils étoient-là: Monſieur le Bailli, not'gendre, avoit invité toute ſa famille, Monſieur l'Collecteux, Madame la Collecteuſe, le Mait'd'école, un Receveux des Tailles qui s'trouvoit-là à point nommé; tout l'Village étoit cheux nous... & v'là qu'tout d'un coup, quand j'voulons partir pour la çarimonie... v'là, Monſeigneur, que je n'trouvons pus l'accordée... alle eſt décampée... avec qui? avec Lucas, tout le monde m'crie aux oreilles: eh, bian! Monſieur d'la noce, faites-donc jouer les violons;... Mam'zelle Catau par-ci, Mam'zelle Catau par-là... la peſte! qu'alle eſt dégourdie!.. Qu'alle en ſçait long!.. ça n'a pas ſeize ans, mais, morgué, ça a d'la malice pour vingt-cinq... V'là ç'qu'on me dit d'tous les côtés... I n'y a pas juſqu'au Mait'd'école, Monſeigneur, juſqu'au Mait'd'école qui... qui me parle Latin... Ne v'là-t-i pas un biau ſpectacle?... N'y a-t-i pas là d'quoi s'arracher les ch'veux de d'ſeſpoir?

M. DE MARSANGES, *à Michaut.*

Votre fille m'a parlé de celui que vous vouliez lui donner pour époux.

LA MARQUISE.

Ah ! le vilain perſonnage que cela doit faire !.. ne m'en parlez pas, ne m'en parlez pas... C'eſt comme votre Monſieur le Comte.

MICHAUT.

Alle vous aura menti, Meſſeigneurs.

M. DE MARSANGES.

Le Bailli n'eſt-il pas vieux ?

MICHAUT.

I n'a qu'ſoixante ans.

LA MARQUISE.

C'eſt beaucoup trop pour une fille qui n'en a que ſeize : il eſt maladif, cathéreux.

MICHAUT.

D'fois à autre, oui, ſa ſanté n'eſt pas ragoûtante.

M. DE MARSANGES.

Il eſt preſqu'aveugle.

MICHAUT.

Eh ! non, non ;... borgne, Monſeigneur, borgne.

LA MARQUISE.

Vous m'avouerez que cela n'eſt pas agréable : il eſt boſſu, ſourd & boiteux.

MICHAUT.

Pour bossu, oui... Mais i n'est pas boiteux, i traîne tant seulement un peu la jambe.

LA MARQUISE.

Allons, fi, fi ! Lucas est mieux son fait. Il a l'air d'un honnête garçon.

MICHAUT.

Oh ! pour ce qui est en cas d'la probité, il n'y a rien à dire.

M. DE MARSANGES.

S'il n'est pas riche, il sera laborieux.

LA MARQUISE.

Il est jeune, il travaillera. Ce mariage est convenable ; nous le voulons, nous le voulons.

MICHAUT.

Madame, avec vot'parmission, je sis l'mait' dans ma famille ; je sais ce qu'i faut à Catau. J'li baille pour époux l'richard du village. Le bien est tout. Je n'vois rien qui n'soit au-dessous du bien.

LA MARQUISE.

Hé bien ! le bien !... Voilà votre système, mon neveu ; en sentez-vous le ridicule ?

M. DE MARSANGES.

Madame, vous abusez de l'état où je suis... Vous m'irriteriez contre eux... (*A part.*) Ah, grand Dieu ! Quelle leçon je reçois !

LA MARQUISE.

Nous verrons s'il tiendra contre les pleurs de ses enfans... s'il sera aussi inflexible que... Suffit...: venez, venez, mes amis.

CATAU, *arrivant de l'air le plus éploré.*

Mon pere, pardonnez à Lucas, i n'a fait que m'suivre.

LUCAS, *en sanglotant.*

Mait' Michaut, j'ons tout l'tort, n'punissais qu'moi; Catau n'est point coupable.

MICHAUT, *jouant le comble de la fureur.*

Ah! Vous v'là donc, scélérats! Fille dénaturée, vaurien! ah! vous avois biau pleurnicher, vous n'me toucherais point, j'sis un roc. Allons, Mam'zelle, faut m'suivre, faut v'nir réparer vot' sottise, en épousant drès d'main l'Bailli. Et toi, si t'approches ma maison seulement d'pus cent pas... j'te l'dis d'vant Monseigneur; j'veux être l'plus grand chien, si je n'te...

(*Pendant toute cette scène Louison paroît épier ce qui se passe, & courir en rendre compte à Julie & à Saint-Alme.*)

M. DE MARSANGES.

Eh! Michaut, doucement...

MICHAUT.

Non, ventregué... eh! Monseigneur, boutez-vous à ma place; je l'répete : n'agiriez-vous pas comme moi?

M. DE MARSANGES.

Laiſſons cela.

MICHAUT.

Non, morgué, n'faut pas l'laiſſer : faut toujours voir ce que j'ferions nous-même en pareille occaſion avant d'blâmer ç'que ſont les autres. C'eſt là-deſſus qu'vot' bonté doit m'répondre... Voyons, prenais vot' cœur, & jugez-moi.

M. DE MARSANGES.

Vous êtes bien preſſant, Michaut !

MICHAUT.

Et vous m'paroiſſez bian embaraſſé, Monſeigneur.

LA MARQUISE, *à M. de Marſanges, avec la plus grande vivacité.*

Allons, allons, point d'amour-propre... il faut avouer la choſe telle qu'elle eſt... (*A Michaut.*) Oui, mon enfant, ton aventure eſt la notre, de point en point la même ; il n'y a pas la plus petite circonſtance à changer... Il eſt au déſeſpoir à préſent de la ſottiſe qu'il a faite, & voilà pourquoi il ne ſait que te répondre.

M. DE MARSANGES.

Madame, vous voulez que nous ceſſions pour jamais de nous voir.

LA MARQUISE, *ſe radouciſſant.*

Mon deſſein n'eſt pas de vous fâcher ; mais enfin c'eſt un évènement que tout le monde ſait.

MICHAUT.

Ah! i gnia pus d'un mois qu'on en parle dans tous l'z'environs ; allons, Monſeigneur, un peu de bonne-foi. Eh ! morgué, ſi l'on veut que la l'çon profite, i faut prêcher d'exemple.

M. DE MARSANGES, *à part.*

Je reſte confondu.

LA MARQUISE, *à Mickaut.*

Vous avez entendu parler du mariage de ma Julie ?

MICHAUT.

Dans tous les carrefours du Village.

M. DE MARSANGES.

Qu'en diſoit-on ?

MICHAUT.

Monſeigneur...

M. DE MARSANGES.

Parlez.

MICHAUT.

Oh ! que non... C'eſt pour le coup qu'vous vous fâcheriais.

M. DE MARSANGES.

Je le veux.

MICHAUT.

Vous l'voulais ?

M. DE MARSANGES.

Oui.

MICHAUT.

Eh bian ! tout le monde vous blâmait.

M. DE MARSANGES.

Et vous ?

MICHAUT.

Morgué, j'n'avais garde... Vot'exemple m'autorisait.

M. DE MARSANGES.

Mais dans le fond du cœur ?

MICHAUT.

Oh ! l'diabe n'y perdait rian... stapendant j'disais, à part moi : taisez-vous, ma conscience... Monseigneur en sait pus qu'vous, les grands Seigneurs savont toujours ce qu'i f'sont : taisez-vous ; v'z'ête une sotte : Monsieur de Marsanges a raison ; il est not' mait', & j'devons l'prendre pour exemple. (*Il reste un moment sans parler, & regarde M. de Marsanges qui paroît anéanti.*) Vous n'dites rien, Monseigneur... est-ce que j'vous aurions offensé ?... Pardonnez-moi... c'est bian innocemment ; mais dame ! voyais-vous ! c'est que j'portons l'cœur sur la main.

CATAU, *véritablement effrayée de l'air de M. de Marsanges.*

Ah ! Lucas, mon pere en a trop dit... Monseigneur est fâché ; Monseigneur, pardonnez à mon pere.

LUCAS.

Mon bon Seigneur, pardonnais à Michaut.

M. DE MARSANGES, *attendri jusqu'aux larmes.*

Ah ! mes enfans... Ah ! Michaut, que je suis coupable !

MICHAUT, *feignant d'être étonné.*

Vous, Monseigneur ? Et morguenne, en quoi donc ?

M. DE MARSANGES.

Vous achevez de m'ouvrir les yeux... J'ai fait le malheur de ma fille, & je l'ai peut-être perdue pour jamais.

MICHAUT.

Comment, ventregué !..

M. DE MARSANGES, *avec la plus vive douleur, & d'un ton pénétré.*

Que ma faute serve à vous rendre sage ; j'ai forcé l'inclination de Julie ; je l'ai sacrifiée à mon ambition, & j'en reçois la peine. Michaut, gardez-vous de m'imiter, mon exemple est affreux... Ah, Julie ! J'ai contraint ma fille à se déshonnorer, à fuir la maison paternelle... Je suis mille fois plus coupable qu'elle.

MICHAUT.

Vot' fille s'est enfuie ?

M. DE MARSANGES.

Je ne la reverrai peut-être jamais... Je suis

bien malheureux ! (*Vivement.*) Michaut, unissez Catau à Lucas... c'est moi qui vous en conjure... Quels reproches j'aurais à me faire, si mon exemple vous entraînait dans l'abîme où je me suis précipité !... Contentez-vous de m'avoir fait connoître ma faute, & ne la partagez pas.

MICHAUT.

J'vous obéirai... Vos remords me paroissent trop sincères pour que j'me hasarde d'vous imiter.

M. DE MARSANGES.

Eh ! mon ami, garde-toi de le faire ; il est affreux d'être coupable.

MICHAUT.

Oui : mais, morguenne, il est bian beau de se repentir... (*Avec chaleur, & d'un ton pénétré.*) Allez, vous ête un honnête-homme... T'nez, vous avez eu biau faire, la Nature vous a donné un bon cœur... Toutes vos menées du grand monde n'ont pu le parvartir. Ne vous affligeais pas ; vous avais fait l'mal, ne songeais qu'à le réparer. Imaginais vous que vous vous ête endormi, que v'z'avais rêvé not' conversation, que Lucas, Catau & moi je n'sommes que des fantômes qui vous avons parlé raison, que vous nous avais écoutés, & que vous vous rendais à nos avis ; (*Redoublant de chaleur.*) car aussi-bian, morgué, tout not' débat n'est qu'un songe : Lucas est le mari d'Catau, j'ons menti pour vous obliger, & pour vous rappeller à vous-même ; pour vous rendre une fille qui eſt bian digne de vous, & lui donner un mari qui, venterguenne eſt fait pour elle; j'ons tant ſoit peu fait durer vot' ſommeil. (*Avec force.*) V'nais, Mam'zelle Julie, v'nais achever de réveiller vot' père.

SCENE XIII.

Les Acteurs précédens, JULIE, SAINT-ALME *accourant & tombant aux genoux de M. de Marſanges.*

M. DE MARSANGES & LA MARQUISE.

Julie!... ma chere Julie!

JULIE.

Mon père! Je tombe à vos genoux.

SAINT-ALME.

Ah! Monſieur!

M. DE MARSANGES.

Mes enfans!... Mes enfans!... Combien je gémis de ma faute!

CATAU.

Lucas, je pleure de joie.

LUCAS.

LUCAS.

Et moi aussi, Catau.

MICHAUT, *avec la plus grande satisfaction, contemplant Julie & Saint-Alme dans les bras de M. de Marsanges.*

V'là pourtant mon ouvrage.

M. DE MARSANGES, *à Michaut.*

Viens, mon ami; viens, que je t'embrasse: je te dois mes enfans. Julie, je ne vous dis rien sur l'inconséquence de votre démarche, votre cœur honnête doit s'en dire assez.... Ma fille, Saint-Alme vous serez unis: soyez heureux, & surtout aimez-moi toujours.

JULIE & SAINT-ALME.

Mon père! ah! toujours, toujours.

SCENE XIV ET DERNIÈRE.

LE COMTE, les Acteurs précédens, PAYSANS, PAYSANNES, DOMESTIQUES *qui étoient à la poursuite de Julie.*

LE COMTE.

ON n'a... n'a... n'a... rien trouvé... Ah ! la voilà.

MICHAUT.

Ah, morgué ! vous v'nais trop tard. . la fillette est pourvue.

M. DE MARSANGES.

Il est inutile, Monsieur le Comte, de vous flatter plus long-temps.

LE COMTE.

Hein ?

M. DE MARSANGES.

Ma fille ne peut être à vous.

LE COMTE.

Hein ?

M. DE MARSANGES.

Je vous rends votre parole; ayez la bonté de me rendre la mienne.

LE COMTE.

Co... co... comment ?

MICHAUT, *paſſant auprès du Comte & lui criant aux oreilles.*

Ce n'eſt pas vous qu'alle épouſe : c'eſt à nous qu'alle ſe marie, parce que j'ſommes jeune.... bian fait.... & que j'li conv'nons mieux que vous.

LE COMTE.

Oui... oui... oui-dà ! je plai... plai... plaiderai.

MICHAUT.

On ne vous aime point.

LE COMTE.

Je... je... je... je m'en mo... mocque, je plai... plaiderai.

LA MARQUISE, *contrefaiſant le bégaiement du Comte.*

Vous... vous n'aurez pas ce plaiſir : je... je paierai le dédit... Ma fille, c'eſt ton préſent de noces.

LE COMTE.

En ce... ce... ce cas-là, je... je me retire ; ce n'était pas... pas... pas la peine de me fai... fai... faire faire tant de chemin pour cou... cou... courir après elle.

(Il ſort.)

M. DE MARSANGES.

Venez, mes enfans ; oublions les chagrins que nous nous ſommes mutuellement donnés : mais n'oublions jamais que c'eſt à ces honnêtes gens que nous devons, vous votre bonheur, & moi ma vertu.

SAINT-ALME, *à Michaut.*

Pourrons-nous jamais nous acquitter envers vous?

MICHAUT.

Eh! ventregué, ne l'êtes-vous pas? J'ons réuſſi, j'ſis récompenſé.

LOUISON.

Monſeigneur, voilà tous les Payſans du Village qui viennent avec des violons; ils aimeront mieux danſer aux noces de Monſieur de Saint-Alme, qu'à celles de Monſieur le Comte: voilà en même temps toute la compagnie qui vient vous joindre.

MICHAUT.

Danſons, morgué, danſons; il n'y a rian d'pardu, comme vous voyais. Ce qui d'voit ſarvir pour l'un, ſarvira pour l'autre. Allons, vive la joie!

JULIE.

ARIETTE.

Le plaiſir ſuccède aux larmes:
Goûtons à jamais ſes charmes.
La Nature, en ce beau jour,
Fait triompher l'Amour.
Il reçoit la récompenſe,
Le prix de la conſtance.

Uniſſons nos cœurs, nos voix :
Chantons de l'hymen les douces loix.
Serrons ſes nœuds,
Ses nœuds charmans qui font les heureux.

TOUS EN CHŒUR, LE MEME COUPLET.

SAINT-ALME.

Je poſſède enfin Julie.

JULIE.

Sois fidèle à ta Julie.

SAINT-ALME.

Je ne puis chérir que toi.

JULIE & SAINT-ALME.

Que le ſerment qui nous lie,
Dure autant que notre vie.
Amour, ſois témoin, ſois garant de ma foi.

ON REPREND LE CHŒUR.

Fin du troiſième & dernier Acte.

Chœur.
Le plai-ſir ſuc-
cède aux lar-mes : Goû-tons à jamais ſes char- - mes. La Na-
tu-re, en ce beau jour, Fait tri-om-pher l'A-
mour. Il re-çoit la ré-com-
pen-ſe, Le prix de la conſ-
tan- - - ce. U-niſ-ſons nos

cœurs, nos voix: Chan-tons de l'hy-men les

dou- ces loix. Ser-rons ses nœuds, Ses

nœuds char- mans qui font les heu-reux.

APPROBATION.

J'AI lu, par ordre de Monseigneur le Chancelier, *Julie*, Opéra-Comique; & je crois qu'on peut en permettre la représentation. A Paris, ce 10 Octobre 1772.

MARIN.

De l'Imprimerie de C. SIMON, Imprimeur de LL. AA. SS. Messeigneurs le Prince de CONDÉ, & le Duc de BOURBON, rue des Mathurins.